BEI GRIN MACHT SICH IHR
WISSEN BEZAHLT

- Wir veröffentlichen Ihre Hausarbeit,
  Bachelor- und Masterarbeit

- Ihr eigenes eBook und Buch -
  weltweit in allen wichtigen Shops

- Verdienen Sie an jedem Verkauf

Jetzt bei www.GRIN.com hochladen
und kostenlos publizieren

Indian National Congress 1945-1947 und die staatliche Entwicklung Indiens bis 1950

GRIN ☺

Bibliografische Information der Deutschen Nationalbibliothek:

Die Deutsche Nationalbibliothek verzeichnet diese Publikation in der Deutschen Nationalbibliografie; detaillierte bibliografische Daten sind im Internet über http://dnb.d-nb.de abrufbar.

ISBN: 9783346757920
Dieses Buch ist auch als E-Book erhältlich.

Indian National Congress 1945-1947 und die staatliche Entwicklung Indiens bis 1950

07.09.2022

Inhaltsverzeichnis

Einleitung

Der Indian National Congress (INC) wurde 1885 als eine politische Partei gegründet und war in erster Linie daran interessiert, die Art und Weise zu reformieren, wie Indien vom Britischen Weltreich regiert wurde.[1] Der frühe Congress war keiner bestimmten Religion angeschlossen, sondern er umfasste Hindus, Christen, Muslime und Sikh, aber die Mehrheit seiner Mitglieder bestand aus Hindus.[2] Während des frühen 20. Jahrhunderts entwickelten sich die Interessen des Congress von einem Wunsch nach mehr Freiheit innerhalb des Britischen Weltreiches zu einem Wunsch nach größerer Kontrolle über ihre Regierung.[3] Der Congress besagte, dass er alle Inder vertrete, jedoch wurde die Muslim-Liga 1906 gegründet, um für die Interessen der Muslime zu sprechen.[4] Jawaharlal Nehru trat dem Congress 1919 bei und begann mit der Zeit enger mit Mohandas Gandhi zusammenzuarbeiten. Sowohl Gandhi als auch Nehru spielten eine sehr wichtige Rolle in der indischen Unabhängigkeitsbewegung und den Verhandlungen.[5] Nach dem Ersten Weltkrieg (1914-1918) schloss sich der Congress mit der Muslim-Liga zusammen, um die Selbstverwaltung im Britischen Weltreich zu schützen. 1920 startete der Congress unter dem Einfluss von Gandhi eine Bewegung zum Boykott der britischen Herrschaft.[6] Während viele Mitglieder der Muslim-Liga die britische Herrschaft kritisierten, lehnten sie diese Politik der Nichtkooperation ab.[7] Die britische Regierung verabschiedete 1935 den Government of India Act, der die Wahl und Selbstverwaltung in den Provinzen von Indien einführte, während sie die Gesamtkontrolle behielt.[8] Als Großbritannien 1939 Deutschland den Krieg erklärte, tat es dies auch im Namen Indiens. Die Mitglieder des Congress wurden zu dieser Erklärung nicht konsultiert. Aus Protesten traten alle Mitglieder des Congress zurück und weigerten sich, die Kriegsanstrengungen zu unterstützen.[9] Die Unterstützung würde dann passieren, wenn Indien nach dem Krieg die volle Unabhängigkeit erhalten würde. Das Britische Weltreich stimmte dieser Bedingung nicht zu, was die Führer des Congress dazu veranlasste, illegale Proteste zu veranstalten. Nach dem ‚Quit-India' wurden die Führer des Congress festgenommen und inhaftiert.[10] Clement Richard Attlee wurde nach dem Zweiten Weltkrieg Premierminister von

---

[1] Barbara Daly Metcalf: A Concise History of Modern India, Cambridge 2012, S. 136f.
[2] Stanley Wolpert: A New History of India, Bd. IV., New York 1993, S. 258.
[3] Bipan Chandra: Indian's Struggle for Independence 1857-1947, New Delhi 1999, S. 79.
[4] Michael Mann: Geschichte Indiens. Vom 18. bis zum 21. Jahrhundert, Paderborn 2005, S. 108f.
[5] Dietmar Rothermund: Gandhi und Nehru. Zwei Gesichter Indiens, Stuttgart 2010, S. 49ff.
[6] Dietmar Rothermund: Der Freiheitskampf Indiens, Stuttgart 1967, S. 38.
[7] Vapal Pangunni Menon: The Transfer of Power in India, Princeton 1957, S. 28.
[8] Paul Richard Brass: The New Cambridge History of India. The Politics of India since Independence, Bd. VI.1, Cambridge 1990, S. 1ff.
[9] Rothermund: Der Freiheitskampf Indiens, S. 39.
[10] Rajiv Gandhi (Hg.): A Centenary History of the Indian National Congress 1935-1947, Bd. III., New Delhi 1987, S. XXIX (29).

England.[11] Im März 1946 machte Premierminister Attlee eine historische Ankündigung, in der das Recht auf Selbstbestimmung und die Ausarbeitung einer Verfassung für Indien akzeptiert wurden. Folglich wurden drei Mitglieder des britischen Kabinetts, Lord Pethick-Lawrence, Sir Stafford Cripps und Albert Victor Alexander, nach Indien entsandt. Dies ist als der Cabinet-Mission-Plan bekannt.[12] Der Cabinet-Mission-Plan ist ein Plan zur Lösung des Problems. Es war vorgesehen, dass eine Union, Gruppe und Provinzen ihre eigenen separaten Verfassungen haben würden. Der Cabinet-Mission-Plan schlug auch die Bildung einer Union of India vor. Die Union würde nur für auswärtige Angelegenheiten, Verteidigung und Kommunikation zuständig bleiben und die verbleibenden Befugnisse den Provinzen überlassen.[13] Der Vorschlag für die Bildung einer Interimsregierung war vorgesehen. Am 2. September 1946 wurde eine Interimsregierung unter der Führung von Nehru gebildet. Am 20. Februar 1947 kündigte Premierminister Attlee im House of Commons die endgültige Absicht der britischen Regierung an, die Macht spätestens im Juni 1948 in indische Hände zu übergeben. Um die Übertragung dieser Macht zu bewirken, beschloss Premierminister Attlee Lord Luis Francis Albert Victor Nicholas Mountbatten als Vizekönig nach Indien zu schicken. Lord Mountbatten wurde am 24. März 1947 Vizekönig von Indien. Die Teilung Indiens und die Schaffung Pakistans schienen für ihn unvermeidlich. Nach ausführlichen Beratungen legte Lord Mountbatten am 3. Juni 1947 den Teilungsplan für Indien vor. Der Congress und die Muslim-Liga stimmten schließlich dem Plan von Mountbatten zu. Am 14. August 1947 fand die Gründung Pakistans und am nächsten Tag Indiens als zwei unabhängige Staaten statt.[14] Als Indien 1947 die Unabhängigkeit gewährt wurde, war Nehru die offensichtliche Wahl für den Premierminister. Als Indiens Premierminister hielt er die Nation unverbindlich. Er nahm diese unabhängige Haltung ein, um mit allen Mitteln an Geld zu kommen, als er erkannte, dass Indien ausländische Finanzierung brauchte, wenn es modernisieren wollte. Nehru versuchte auch im Koreakrieg (1950-1953) zu vermitteln.[15]

Diese Arbeit beschäftigt sich mit dem Indian National Congress 1945-1947 und der staatlichen Entwicklung Indiens bis 1950. Dabei umfasst die Arbeit vier Kapitel. Das erste Kapitel befasst sich mit Indien in den Jahren 1945-46. Das zweite Kapitel behandelt den Cabinet-Mission-Plan. Im dritten Kapitel werden die Unabhängigkeit Indiens und Pakistans thematisiert. Abschließend behandelt das letzte Kapitel die ersten Jahre Nehrus als Premierminister.

---

[11] Jürgen Lütt: Das moderne Indien 1498-2004, München 2012, S. 88.
[12] Johannes Hermann Voigt: Indien im Zweiten Weltkrieg, Stuttgart 1978, S. 306.
[13] Wolpert: A New History of India, S. 341f.
[14] Chandra: Indian's Struggle for Independence 1857-1947, S. 493ff.
[15] Rothermund: Gandhi und Nehru. Zwei Gesichter Indiens, S. 187ff.

Die Fragestellung dieser Arbeit lautet: Wer war für die Teilung Indiens verantwortlich?

Barbara Daly Metcalf behandelt in ihrem Buch „A Concise History of Modern India" die Geschichte Indiens vom 18. bis zum 21. Jahrhundert. Sie beginnt mit den Sultans, Mughals und der pre-colonial Indian society, beschreibt den INC 1945-47 aber nicht ausführlich.[16] Bipan Chandra stellt in seinem Buch „Indians Struggle for Independence" die historische Entwicklung des INC vom 19. bis zum 20. Jahrhundert dar. Darin beschreibt er den INC sehr ausführlich, aber die Zeit von 1945 bis 1947 ähnlich wie Metcalf.[17] Das Buch von Dietmar Rothermund mit dem Titel „Der Freiheitskampf Indiens" zeigt eine Einführung der Geschichte Indiens von seiner Invasion durch das Britische Weltreich bis zur Unabhängigkeit. Es beinhaltet auch die wichtigsten Briefe, Aussagen etc. zu dieser Zeit.[18] Das zweite hier gewählte Buch von Dietmar Rothermund ist „Gandhi und Nehru. Zwei Gesichter Indiens", das einen ausführlichen Überblick über INC gibt.[19] Der Sammelband von Rajiv Gandhi „A Centenary History of the Indian National Congress 1935-47" behandelt den INC gründlich.[20] Jürgen Lütt thematisiert in seinem Buch „Das moderne Indien 1498-2004" die wichtigsten Ereignisse der Teilung Indiens.[21] Narendra Singh Sarila brachte wiederum mit seinem Buch „The Shadow of the Great Game. The Untold Story of Indian's Partition" viele verborgene Fakten über die Teilung Indiens ans Licht.[22]

---

[16] Barbara Daly Metcalf: A Concise History of Modern India, Cambridge 2012.
[17] Bipan Chandra: Indian's Struggle for Independence 1857-1947, New Delhi 1999.
[18] Dietmar Rothermund: Der Freiheitskampf Indiens, Stuttgart 1967.
[19] Dietmar Rothermund: Gandhi und Nehru. Zwei Gesichter Indiens, Stuttgart 2010.
[20] Rajiv Gandhi (Hg.): A Centenary History of the Indian National Congress 1935-1947, Bd. III., New Delhi 1987.
[21] Jürgen Lütt: Das moderne Indien 1498-2004, München 2012.
[22] Narendra Singh Sarila: The Shadow of the Great Game. The Untold Story of India's Partition, London 2007.

I.   Indien in den Jahren 1945-46

Die politische Meinung der Inder von 1945 hatte nur ein Ziel und das war, dass das Britische Weltreich Indien so schnell wie möglich den Status einer Dominion zugesteht und alle Mitglieder des Congress, die gefangen waren, sofort freigelassen werden, denn nur so kann das Problem in Indien gelöst werden. Gandhi hatte den Briten eine Bedingung gestellt, um Gespräche zur Lösung des Problems in Indien aufzunehmen. Diese Bedingung war die Freilassung von Mitgliedern des Congress aus dem Gefängnis, denn sonst ließe sich für Gandhi, wenn diese Bedingung nicht erfüllt wäre, das Problem in Indien nicht schnell lösen. Wegen dieses politischen Problems wandte sich Manny Shinwell an das House of Commons, um dort zu fragen, ob die Gefangenen freigelassen werden würden, damit sie das politische Problem umgehend beseitigen können. Die Antwort des Staatssekretärs für Indien, Leopold Charles Maurice Stennet Amery, war sehr kurz und besagte, dass dies sehr bald gelöst werden würde. Die christliche Gemeinschaft in Indien sprach sich für ein unabhängiges Indien mit seinem gesamten Territorium aus und auch dafür, dass die Gefangenen bedingungslos freigelassen werden müssen. Die Briten erstellten am 14. Juni 1945 das White Paper on India, das vom Staatssekretär für Indien Amery im House of Commons vorgestellt wurde.[23] Das White Paper enthielt diese Punkte zur Lösung des Problems in Indien:

1. „The formation of a Viceroy's Executive Council with Indian political leaders in such proportions as to give a balanced representation to the main communities in India.

2. It proposed amendment of the Government of India Act of 1935.

3. The Britain expected these new members of the executive [Caste Hindus and Muslim] to give their wholehearted support to the war against Japan and to see that it came to a successful conclusion.

4. The members of the executive council would all be Indians, except the viceroy and the commander-in-chef, who would retain his position as War Member.

5. One of the Indian members of the Viceroy's council would be in charge of external affairs and the viceroy and executive council would appoint ambassadors and other accredited representatives in foreign countries to represent India.

6. The relation between the Crown and the Indian State would not be affected by these proposals."[24]

---

[23] Sarojini Regani: The Nation in Ferment, in: Rajiv Gandhi (Hg.): A Centenary History of the Indian National Congress 1935-1947, Bd. III., New Delhi 1987, S. 604-639, hier S. 624ff.
[24] Ebda., S. 628f.

Nachdem der Vizekönig Lord Archibald Percival Wavell diesen Vorschlag gehört hatte, reiste er nach Indien und erklärte, dass der Vorschlag nur eine Erleichterung der aktuellen Situation in Indien und sein Fortschritt in Richtung seiner Unabhängigkeit sei. In Indien berief Lord Wavell eine Konferenz ein, um indische Politiker bzw. die Mitglieder des Congress und der Muslim-Liga über das White Paper zu informieren, und so wurden die Gefangenen aus dem Gefängnis entlassen.[25] Die Konferenz fand am 25. Juni 1945 in der Stadt Simla statt.[26] Gandhi, Nehru und Abul Kalam Azad lehnten den ersten Punkt des White Paper ab, da die ausgewogene Vertretung zwischen den Hindus und Muslimen zu einer Schwächung des Congress und einer Stärkung der politischen Position der Muslim-Liga führen würde. Ebenso sicherte der erste Punkt des White Paper der Muslim-Liga das Recht zu, ein muslimisches Mitglied in die Exekutivgewalt zu ernennen. Das bedeutete, dass der Congress nicht befugt wäre, irgendein muslimisches Mitglied für die Exekutivgewalt zu ernennen. Die Mitglieder des Congress waren auch gegen den Begriff ‚Castle', da dieser die Verantwortung oder Autorität des Congress über unantastbare Angelegenheiten wegnahm. Auf der anderen Seite wies Muhammed Ali Jinnah die Behauptung zurück, dass Azad alle Muslime Indiens vertrete.[27] Jinnah wollte dies für sich selbst, denn damit würde er seine ‚Zwei-Nationen-Theorie' (zwei unterschiedliche Nationen – Hindus und Muslime) weiter stärken.[28] Die Vertretung aller Muslime Indiens durch Jinnah wurde aber von Lord Wavell abgelehnt. Diese Meinungsverschiedenheiten führten zum Scheitern der Konferenz von Simla.[29] Bei der in England stattgefundenen Wahl im Jahr 1945 ging die Labour Party als Sieger hervor. Attlee wurde Premierminister des Landes.[30] Dieser Sieg der Labour Party würde auch für Indien eine entscheidende Veränderung mit sich bringen. Es stellte sich nun die Frage, wann und wie die Unabhängigkeit Indiens proklamiert werden würde.[31] Indien selbst erwartete von der neuen britischen Regierung konkrete Schritte zum Vorgehen der Unabhängigkeit. Die britische Regierung hätte das Gesetz des Handelns festlegen können, woraufhin Gandhi Attlee zu seinem Amtseintritt hätte gratuliert werden können. Nehru schenkte der Labour Party kein Vertrauen. Er kritisierte diese Partei sogar sehr[32] und erwähnte, dass „sie keine festen Prinzipien und keine Ahnung der Welt außerhalb Großbritanniens hätte".[33] Es folgte der erste Schritt: Premierminister Attlee befahl dem Vizekönig Lord Wavell,

---

[25] Ebda., S. 629f.
[26] Narendra Singh Sarila: The Shadow of the Great Game. The Untold Story of India's Partition, London 2007, S. 185.
[27] Wolpert: A New History of India, S. 339.
[28] Voigt: Indien im Zweiten Weltkrieg, S. 306.
[29] Sarila: The Shadow of the Great Game. The Untold Story of India's Partition, S. 187.
[30] Ebda., S. 188.
[31] Lütt: Das moderne Indien 1498-2004, S. 88.
[32] Rothermund: Gandhi und Nehru. Zwei Gesichter Indiens, S. 173.
[33] Ebda.

zunächst Wahlen in Indien abzuhalten, um die Zentral- und Provinzparlamente wiederherzustellen. Tatsächlich führten diese Wahlen Indien eher ins politische Chaos als in seine Unabhängigkeit.[34] Inmitten dieses Chaos forderte Lord Wavell den Labour-Indienminister, Lord Pethick-Lawrence, auf, einen Abgeordneten im Parlament zu bitten, eine Frage stellen zu lassen, auf die er im Namen der Regierung eine verbindliche Antwort geben könne. Lord Pethick-Lawrence lehnte diesen Aufruf des Lords Wavell mit dem Argument ab, dass eine solche Debatte viele Fragen aufwerfen würde, die er nicht beantworten könne.[35] Als alleiniger Nutznießer ging aus dieser Situation Jinnah hervor. Er wollte sein Ziel, die Schaffung Pakistans, in die Tat umsetzen.[36] Während des Wahlkampfes 1945-46 wurden in Delhi drei Offiziere von Subhas Chandra Boses Indian National Army vor Gericht gestellt: Einer war Hindu, der andere Muslim und der letzte Sikh. Zur Verteidigung dieser drei Offiziere meldeten sich die wichtigsten Nationalisten, darunter auch Nehru. Die drei Offiziere wurden zu lebenslanger Haft verurteilt, die später von dem oberkommandierenden britischen General in Indien begnadigt wurden. Wäre das Urteil nämlich tatsächlich vollstreckt worden, hätte es große Unruhen ausgelöst.[37] Kaum war diese Affäre vorbei, erlitt die britisch-indische Armee einen weiteren Rückschlag: Im Februar 1946 rebellierten 3.000 indische Matrosen der Kriegsmarine im Hafen von Mumbai. Diese Rebellion wurde von Vallabhai Patel friedlich gelöst. Sie machte Lord Wavell deutlich, dass er sich nicht mehr auf die Loyalität der indischen Einheiten der britischen Streitkräfte verlassen konnte. Aus diesem Grund forderte er den unmittelbaren Rückzug der britischen Truppen, damit diese das Land unbeschadet verlassen würden. Die britische Regierung war schockiert, als sie mit dem Plan von Lord Wavell konfrontiert wurde und entsandte aus diesem Grund drei Kabinettsminister, Lord Pethick-Lawrence, Sir Stafford Cripps und Albert Victor Alexander, nach Indien, um über die Lösung der politischen Probleme zu verhandeln.[38] Die Mission der britischen Kabinettsminister wurde Cabinet-Mission-Plan genannt.[39]

---

[34] Menon: The Transfer of Power in India, S. 219ff.
[35] Rothermund: Gandhi und Nehru. Zwei Gesichter Indiens, S. 174.
[36] Sarila: The Shadow of the Great Game. The Untold Story of India's Partition, S. 194.
[37] Mann: Geschichte Indiens. Vom 18. bis zum 21. Jahrhundert, S. 118.
[38] Rothermund: Gandhi und Nehru. Zwei Gesichter Indiens, S. 176f.
[39] Metcalf: A Concise History of Modern India, S. 215.

II.   Der Cabinet-Mission-Plan 1946-47

Bevor die britische Regierung drei ihrer Kabinettsminister nach Indien entsandte, erklärte Premierminister Attlee im House of Commons[40]: „What form of Government was to replace the present regime was for India to decide".[41] Diese Aussage des britischen Premierministers hing auch mit der Entschlossenheit des Jinnahs zusammen, der einen Staat unter dem Namen Pakistan schaffen wollte.[42] Für die Cabinet-Mission war klar, dass das grundlegende Problem in Indien die Verwirklichung von Jinnahs Ziel sein würde.[43] Am 16. Mai 1946 veröffentlichte die Cabinet-Mission den Plan zur Lösung des Problems in Indien. Der Plan schlug eine umfassende Dezentralisierung Indiens vor. Die drei wichtigsten staatlichen Abteilungen sollten auf jeden Fall von der Zentralregierung kontrolliert werden. Diese drei Abteilungen waren: das Verteidigungsministerium, die Außenpolitik und die Kommunikation. Der Plan sah eine Einteilung Indiens in drei Zonen vor: Zone A, B und C. Eine Zone wurde mit muslimischer Mehrheit der Bevölkerung geschafft. Diese Zone umfasste vier Provinzen: Panjab, die Nordwestgrenzprovinzen, Britisch-Belutschistan und Sind (Zone B). Die Provinzen von Bengalen und Assam bildeten Zone C, in denen die Muslime zusammen ebenfalls eine Mehrheit besaßen. Zone A bestand aus dem übrigen Indien. Dieser Plan würde die Einheit des Landes sicherstellen und den Muslimen weitgehende Autonomie einräumen. Mit diesem Plan gab es keine Teilung Indiens, aber nach zehn Jahren könnte es auch dazu kommen, weil die Zonen B und C die Möglichkeit haben würden, die Union zu verlassen. Jinnah stimmte dem Cabinet-Mission-Plan zu.[44] Das nächste Problem war nun die Bildung einer Interimsregierung.[45] Nehru wollte eine starke Zentralregierung und lehnte die Idee einer Zwangsgruppierung von Provinzen ab. In einer Pressekonferenz sagte er über die Provinzen[46]: „Provinces must be free to join any group, or none".[47] Mit dieser Rede persifliert Nehru das Schema der Cabinet-Mission und Jinnah, da nach Nehru eine Teilung Indiens viel besser gewesen wäre als eine Stärkung der Provinzen.[48] Diese Rede von Nehru veranlasste Jinnah, ‚direct action' zu schreiten. Der 16. August 1946 stellt einen schwarzen Tag in der Geschichte Indiens dar. Dieser Tag wurde auch als ‚The Great Calcutta Killing' bezeichnet. Dieses Massaker dauerte bis zum

---

[40] Sarila: The Shadow of the Great Game. The Untold Story of India's Partition, S. 205.
[41] Ebda.
[42] Ebda., S. 194.
[43] Lütt: Das moderne Indien 1498-2004, S. 88.
[44] Ebda.
[45] R. K. Perti: Cabinet Mission, in: Rajiv Gandhi (Hg.): A Centenary History of the Indian National Congress 1935-1947, Bd. III., New Delhi 1987, S. 640-682, hier S. 663.
[46] Metcalf: A Concise History of Modern India, S. 216.
[47] Ebda.
[48] Ebda., S. 216f.

9

21. August. Bei diesem Blutvergießen wurden über 4.000 Menschen getötet, 16.000 verletzt und über 1 Million obdachlos.[49] Mit diesem Massaker wollte Jinnah darüber den Congress informieren, dass die Muslim-Liga nicht ignoriert werden sollte.[50] Allerdings ist bis heute umstritten, ob Jinnah dieses Massaker selbst geplant hatte.[51] In der Stadt Kalkutta steckte der Ministerpräsident von Bengalen Huseyn Shaheed Suhrawardy hinter diesem Massaker, der behauptete, dass die Stadt durch diesen Massenmord Teil von Pakistan werden würde.[52] Jedoch bezeichnen Narendra Singh Sarila und Barbara Daly Metcalf diese Aktion von ihm als „a measure of Jinnah's desperation"[53], während der künftige Vertreter der Muslim-Liga Liaquat Ali Khan berichtete, dass „Mr. Jinnah was an old man and probably hated the idea of going to jail".[54] Trotz dieser Unruhen wurde die Interimsregierung am 2. September 1946 mit dem Premierminister Nehru an seiner Spitze gebildet.[55] Die Muslim-Liga widersetzte sich der Interimsregierung. Der Widerstand kam wegen des Vorschlages von Nehru, bevor diese Interimsregierung gebildet wurde. Nehru schlug vor, dass die Interimsregierung aus 15 Mitgliedern bestehen solle, von denen 5 Mitglieder aus dem Congress und 4 aus der Muslim-Liga und der Rest von anderen Minderheiten stammen sollten. Dieser Vorschlag wurde von Jinnah sofort abgelehnt.[56] Einen Monat nach der Bildung der Interimsregierung unterbreitete Jinnah Lord Wavell seinen Vorschlag für das Beitreten der Muslim-Liga in die Interimsregierung. Der Vorschlag von Jinnah bestand aus neun Punkten, aber der wichtigste war, dass er wollte, dass die Hauptressorts in der Interimsregierung gleichmäßig zwischen dem Congress und der Muslim-Liga verteilt würden. Der Congress akzeptierte den Vorschlag von Jinnah und so trat die Muslim-Liga am 15. Oktober 1946 der Interimsregierung bei. Dies war ein Sieg für Jinnah, denn obwohl die Muslim-Liga Teil der Interimsregierung wurde, erkannte sie Nehru nicht als Premierminister an. Außerdem hatte sie auch kein Interesse daran, in der verfassungsgebenden Versammlung mitzuwirken. Der Hauptgrund für den Eintritt der Muslim-Liga in diese Regierung war es, diese zu sabotieren. Der Congress war also nicht in der Lage, seine Position gegen die Interessen der Muslim-Liga zu konsolidieren.[57] Daher teilte Nehru Lord Wavell mit, dass er die Mitglieder der Muslim-Liga entlassen würde. Nach Nehru machte

---

[49] Vinod Bhatia und Sneh Mahajan: Preparation for Transfer of Power, in: Rajiv Gandhi (Hg.): A Centenary History of the Indian National Congress 1935-1947, Bd. III., New Delhi 1987, S. 683-724, hier S. 688ff.
[50] Sarila: The Shadow of the Great Game. The Untold Story of India's Partition, S. 222.
[51] Bhatia: Preparation for Transfer of Power, S. 688.
[52] Rothermund: Gandhi und Nehru. Zwei Gesichter Indiens, S. 170.
[53] Sarila: The Shadow of the Great Game. The Untold Story of India's Partition, S. 222, und Metcalf: A Concise History of Modern India, S. 217.
[54] Bhatia: Preparation for Transfer of Power, S. 688.
[55] Menon: The Transfer of Power in India, S. 305f.
[56] Perti: Cabinet Mission, S. 669.
[57] Bhatia: Preparation for Transfer of Power, S. 702ff.

auch Vallabhai Patel klar, dass der Congress aus der Interimsregierung ausscheiden werde, wenn die Mitglieder der Muslim-Liga in der Regierung bleiben.[58] Lord Wavell gelang es nicht, diese politische Sackgasse zu lösen, und so entließ ihn die britische Regierung aus seinem Amt als Vizekönig.[59] Da sich für das politische Problem in Indien immer noch keine Lösung fand, gab Premierminister Attlee eine historische Erklärung ab:

> „Am 20. Februar 1947 hat die Regierung Seiner Majestät angekündigt, daß es ihre Absicht sei, bis zum Juni 1948 die Machtübergabe in Britisch-Indien durchgeführt zu haben. Die Regierung Seiner Majestät hatte gehofft, daß es den größeren Parteien möglich wäre, bei der Ausarbeitung des Planes der Kabinettsmission vom 16. Mai 1946 mitzuhelfen und für Indien eine Verfassung zu schaffen, die von allen Beteiligten angenommen werden könnte. Diese Hoffnung hat sich als nichtig erwiesen. Die Regierung Seiner Majestät wird in der laufenden Sitzungsperiode einen Gesetzentwurf vorlegen, der die Übergabe der Macht auf der Grundlage des Dominion-Status an ein oder zwei Nachfolgestaaten noch innerhalb dieses Jahres zum Gegenstand haben wird".[60]

Sowohl Nehru als auch Jinnah begrüßten die Erklärung des britischen Premierministers Attlee.[61] Für die endgültige Lösung des politischen Problems in Indien hatte Premierminister Attlee Lord Mountbatten beauftragt, der am 24. März 1947 Vizekönig von Indien wurde.[62]

---

[58] Ebda., S. 714f.
[59] Rothermund: Gandhi und Nehru. Zwei Gesichter Indiens, S. 170.
[60] Rothermund: Der Freiheitskampf Indiens, S. 20.
[61] M. N. Das: India Wins Independence, in: Rajiv Gandhi (Hg.): A Centenary History of the Indian National Congress 1935-1947, Bd. III., New Delhi 1987, S. 725-804, hier S. 725f.
[62] Ebda., S. 732.

III.   Die Unabhängigkeit Indiens und Pakistans 1947

Lord Mountbatten war sich des politischen Problems in Indien bewusst, weil er die Informationen von Lord Wavell erhalten hatte. Nach seiner Ankunft in Indien und am Tag seiner Segnung als Vizekönig führte er ein Gespräch mit Nehru. Lord Mountbatten war von diesem Gespräch mit Nehru überrascht, denn nach Nehru war das grundlegende Problem in Indien ein wirtschaftliches Problem. Einen Tag später führte Lord Mountbatten ein weiteres Gespräch mit einem Mitglied des Congress, Sardar Patel, der wollte, dass Lord Mountbatten die Mitglieder der Muslim-Liga aus der Interimsregierung entließ. Azad glaubte, dass der neue Vizekönig für ein geeintes Indien arbeiten würde und nicht für seine Teilung in zwei Staaten.

Allerdings war Lord Mountbatten von Anfang an davon überzeugt, dass eine Zusammenarbeit zwischen dem Congress und der Muslim-Liga nicht möglich sei, und teilte daher die Ansicht, dass die einzige Lösung in Indien in einer Teilung in zwei unabhängige Staaten liege. So teilte Lord Mountbatten Jinnah mit, dass die Schaffung von Pakistan durch die Einbeziehung der Hälfte der Provinzen von Panjab und Bengalen möglich sei. Gandhi lehnte die Aufteilung dieser Provinzen in zwei Teile entschieden ab und machte Lord Mountbatten folgenden Vorschlag[63]: „Mr. Jinnah should forthwith be invited to form the Central Interim Government with members of the Muslim League. This Government was to operate unter the viceroy in the way the existing Interim Government was operating".[64] Lord Mountbatten informierte den Congress und die Muslim-Liga über dem Vorschlag von Gandhi. Beide politischen Parteien akzeptierten diesen Vorschlag, aber als dieser Vorschlag unterzeichnet werden musste, weigerte sich Gandhi, seinen Vorschlag zu unterschreiben. Er wollte, dass sein Vorschlag vom Präsident des Congress Acharya Kripalani und Jinnah unterzeichnet wird. Dies lehnte Jinnah jedoch ab, der um jeden Preis wollte, dass dieser Vorschlag nur von zwei Personen unterzeichnet sein musste: von Gandhi und ihm. So entschied Lord Mountbatten angesichts dieser Situation, dass Pakistan als unabhängiger Staat geschaffen werden sollte. Lord Mountbatten informierte Jinnah am 10. April 1947 über seine Entscheidung. Jinnah akzeptierte die Teilung der beiden Provinzen Panjab und Bengalen nicht und wenn dies geschehen würde, würde dann in den beiden Provinzen ein Bürgerkrieg beginnen. Dieser Bürgerkrieg würde sich dann auch auf die Provinz Assam für ihre Teilung in zwei Teile ausdehnen.[65] Vallabhai Patel kritisierte Lord Mountbatten scharf für seine Entscheidung:

---

[63] Ebda., S. 733f.
[64] Ebda., S. 734.
[65] Ebda., S. 735ff.

„Since you have come out here things have got much worse. There is a civil war on and you are doing nothing to stop it. You won't govern yourself and you won't let the Central Government govern. You cannot escape responsibility for this bloodshed. If you will not act yourself, then turn over full authority to the Central Government and let us stop the Muslim League war in Punjab und North West Frontier; let us stop the Muslim League being mobilized in Bengal to attack Assam; let us govern".[66]

Im Laufe der Zeit stellte Lord Mountbatten den endgültigen Plan zur Lösung des Problems in Indien fertig und schickte ihn daher am 2. Mai 1947 zur Überprüfung durch die britische Regierung nach London.[67] Die Überprüfung des Planes dauerte nicht lange. Am 10. Mai erhielt Lord Mountbatten eine Antwort von der britischen Regierung, die seinem Plan zustimmte. Am selben Tag zeigte Lord Mountbatten den Plan zunächst nur Nehru. Nehru lehnte den Plan von Lord Mountbatten ab. Er war gegen die Teilung der Provinzen Panjab und Bengalen in zwei Teile, weil dies Indien neue Probleme bringen würde. So verfasste Lord Mountbatten einige zusätzliche Punkte, die mit der weiteren künftigen Stärkung der indisch-britischen Beziehungen zu tun hatten, und schickte sie am nächsten Tag erneut zur Überprüfung nach London. Die Antwort von der britischen Regierung war, dass Großbritannien Indien unabhängig davon, was in Indien passieren würde, bei jedem seiner Probleme unterstützen werde.[68] Nachdem Lord Mountbatten diese Antwort von der britischen Regierung erhalten hatte, war er bereit für die abschließende Diskussion zur Lösung des Problems mit den indischen Politikern.[69] Die Teilung Indiens musste alsbald durchgeführt werden. Nehru stimmte der Teilung zu, doch Gandhi, der zunächst gegen die Teilung war, weil er wollte, dass das Problem in Indien einvernehmlich gelöst werde, stimmte nicht zu. Nach einem Gespräch mit Lord Mountbatten änderte Gandhi seine Position zur Teilung Indiens und sagte[70]: „Man solle Mountbatten vertrauen".[71] Jinnah hatte sich nach einem Pakistan mit den unteilbaren Provinzen Panjab und Bengalen gesehnt, da jedoch Westbengalen und Ostpanjab überwiegend hinduistische Distrikte enthielten, würde die Erfüllung dieses Wunsches nicht mit Jinnahs ‚Zwei-Nationen-Theorie' übereinstimmen.[72] Am 14. August 1947 verkündete Jinnah die Unabhängigkeit Pakistans und lediglich einen Tag darauf konnte auch Nehru in Delhi gleiches für Indien ausrufen.[73] Obwohl Pakistan unabhängig

---

[66] Ebda., S. 739.
[67] Sarila: The Shadow of the Great Game. The Untold Story of India's Partition, S. 286.
[68] Ebda., S. 291ff.
[69] Ebda., S. 299.
[70] Rothermund: Gandhi und Nehru. Zwei Gesichter Indiens, S. 181.
[71] Ebda.
[72] Ebda., S. 171.
[73] Lütt: Das moderne Indien 1498-2004, S. 89.

wurde, verblieb ein großer Teil der Muslimbevölkerung in Indien. Jinnah wandte sich an die muslimische Bevölkerung in Mumbai und sagte zu denen, dass sie nun den indischen Staat respektieren und in Harmonie mit den Hindus leben müssen.[74] Aufgrund dieser Aussage stellt Dietmar Rothermund eine unbeantwortete Frage dar: „Warum hatte er diesen guten Rat nicht alle indischen Muslime erteilen können?"[75] Für die Briten war der Schutz der Minderheiten in Indien der Grund, warum sie die Schaffung von Pakistan als unabhängigen Staat unterstützen.[76] Nach dieser Aussage des Briten wirft Sarila auch einige unbeantworteten Fragen auf:

> „What about the thirty million Muslims who were to be left out of Pakistan? Was not the selective concern for the Muslims of India not so much to protect them as to use a portion of them to realize Britain's strategic goals? And how was the two-nation theory that Muslims could not coexist with people of other faiths within the same country to be squared with leaving these millions to do exactly that?".[77]

Nach Sarila hat Großbritannien das Problem in Indien für seine eigenen strategischen und geopolitischen Interessen ausgenutzt[78], sie bezeichnet diese Ausbeutung als „The Great Game".[79]

---

[74] Rothermund: Gandhi und Nehru. Zwei Gesichter Indiens, S. 172.
[75] Ebda.
[76] Sarila: The Shadow of the Great Game. The Untold Story of India's Partition, S. 206.
[77] Ebda., S. 206f.
[78] Ebda., S. 411.
[79] Ebda.

IV.   Die ersten Jahre Nehrus als Premierminister von 1947 bis 1950

Nehru wollte eine parlamentarische Demokratie und versuchte so schnell wie möglich das allgemeine Wahlrecht einzuführen. Zunächst schien dies ein großes Problem für Indien zu sein, da die indische Bevölkerung zu etwa ¾ aus Analphabeten bestand. Nehru musste für dieses Problem eine schnelle Lösung finden. Die einzige Alternative schien für Nehru die Kennzeichnung der Stimmzettel mit Symbolen zu sein. Dies wäre eine Erleichterung für die Mehrheit des indischen Volkes. Derzeit könnten nur 10 % der Bevölkerung an den Wahlen teilnehmen. So war es in der alten verfassunggebenden Versammlung formuliert. Deshalb wollte Nehru diesen Punkt mit der neuen staatlichen verfassunggebenden Versammlung ändern. Die staatliche verfassunggebenden Versammlung sollte auf dem allgemeinen Wahlrecht beruhen. Diese Wahlrecht wurde bereits 1952 für die ersten Wahlen Indiens eingeführt. Als Premierminister mischte er sich nicht in die Angelegenheiten der Ministerpräsidenten der Bundesstaaten ein. Die zweite Reform von Nehru war die Neufassung des Ehe- und Familienrechts der Hindus. Diese Reform stellte für Nehru ein großes Projekt dar. Mit dieser Reform wollte er die Stellung der Frauen stärken. Unter der patriarchalischen Ordnung der Hindus hatten die Frauen in Indien keine Rechte im Vergleich zu Männern. Nach dieser Ordnung mussten die Frauen einen Sohn gebären und wenn dies nicht geschah, müsste ihr Ehemann erneut heiraten, bis seine Frau oder eine Frau einen Sohn geboren hätte. außerdem war es für die Frauen verboten, sich scheiden zu lassen. Als Witwe war es ihr nicht erlaubt, noch einmal eine Ehe zu führen. All diese Bedingungen wollte Nehru ändern. Die orthodoxen Hindus waren dafür, die Ordnung des Patriarchats aufrechtzuerhalten, weshalb sie einen Widerstand gegen die Reform Nehrus gründeten. Der Hindu-Widerstand war jedoch fast unüberwindbar gegen Nehru, weshalb er dazu gezwungen war, das umfassende Recht aufzugeben und die wesentlichen Punkte in gesonderten Einzelgesetzen unterzubringen. Schlussendlich ließ Nehru seine Vorhaben in mehreren Sondergesetzen verabschieden, was er zu einem späteren Zeitpunkt als eine seiner größten politischen Leistungen einstufte.[80]

Die indische Industrie befand sich nach dem Ende des Zweiten Weltkrieges in einem schlechten Zustand, weshalb es verständlich war, dass Nehru auf eine planwirtschaftliche Reglementierung des Aufbaus der Industrie abzielte. 1948 wurde die Industrial Policy Resolution geschaffen. Der Zweck dieser Resolution war es, die indische Industrie in einer Planwirtschaft zu kontrollieren. Diese Resolution wurde aufgrund der Tatsache erstellt, dass

---

[80] Rothermund: Gandhi und Nehru. Zwei Gesichter Indiens, S. 188ff.

die Industrie in der Verantwortung der Provinzen war und mit der Aufhebung dieser Gesetze die Zuständigkeit auf die Bundesstaaten überging. Ein Jahr später wurde ein Gesetzentwurf zur Kontrolle der Industrie (The Industries Development and Regulation Act) eingebracht, wobei es viele Diskussionen über dieses Gesetz gab, wodurch es zwei Jahre dauerte, bis es verabschiedet wurde. Bis zum Inkrafttreten dieses Gesetzes waren die Bundesstaaten selbst für die Industrie zuständig. Außerdem stellte das wichtigste Instrument der Industrieförderung die Erhebung von Schutzzöllen dar. Diese waren ausschließlich der Zentralregierung vorbehalten, die für das Zollwesen zuständig war. Das Ziel von Nehru war das Wachstum der indischen Industrie, das er in der Importsubstitution sah. Im Laufe der Zeit wurde die Planungskommission eingerichtet und zu einer mächtigen Behörde. Diese Macht entstammte jedoch vom Premierminister, der sehr viel zu riskieren hatte, wenn er den Plan nicht zum Erfolg führen sollte.[81]

Als sich die imperialistischen Mächte aus Asien zurückgezogen hatten, konnte Asien seinen Frieden wiedererlangen. Nehru lud 1947 als Interimspremierminister zu einer Asian Relations Conference ein, die in Delhi stattfand. Die Teilnehmer waren Angehörige verschiedener Organisationen aus Ägypten, asiatischen Ländern aus den Sowjet-Republiken, China und Israel. Es kam zu der Gründung einer Asian Relations Organisation, die jedoch kurz darauf schon wieder abgeschafft wurde. Bald darauf begann der Krieg um Kaschmir zwischen Indien und Pakistan. Das Abkommen von 1949 konnte den Frieden zwischen den beiden Staaten nicht sicherstellen. Die Kaschmir-Frage endete unter Vermittlung der Vereinten Nationen mit einer Waffenstillstandslinie. Ein Jahr später wurden Indien und Pakistan Mitglieder des Commonwealth. Nehru drängte, dass Indien auch als Republik dazugehören solle, obwohl viele Inder fürchteten, dass dies die indische Unabhängigkeit gefährde. Für ihn war der Status Indiens als Republik unerlässlich. Sein Drängen war schließlich von Erfolg gekrönt. Nachdem Nehru die Zugehörigkeit zum Commonwealth erreicht hatte, versuchte er nun eine Beziehung mit den USA aufzubauen. Er besuchte die USA, doch dieser Besuch stellte sich als wenig erfolgreich heraus. Nehru erhielt die Zusagen für Wirtschaftshilfe nicht. Daher wandte er sich an die Sowjetunion und schickte auch seine Schwester als Botschafterin nach Moskau. Doch die Beziehung zur Sowjetunion gestaltete sich noch problematischer. Zu dieser Zeit war Stalin nur daran interessiert, die Sowjetmacht in Europa zu sichern. Die Beziehung zwischen Indien und der Sowjetunion begann sich aber ab 1950 langsam zu verbessern. Im Juni 1950 begann der Koreakrieg. Ab Juli bis Herbst war Nehru als Vermittler tätig. Im Herbst erfolgte die Besetzung

---

[81] Ebda., S. 199ff.

Nordkoreas durch die Amerikaner und Tibets durch die Chinesen. Nehru forderte China daraufhin auf, von einer Besetzung Tibets Abstand zu nehmen. Er wusste, dass er Tibet nicht retten konnte, forderte aber, dass die Autonomie der Region respektiert werden solle. Ab Herbst bis Ende des Koreakrieges 1953 war Nehru als Vermittler schließlich nicht mehr gefragt.[82]

V.   Zusammenfassung

Da sich der Congress und die Muslim-Liga die politischen Probleme in ihrem Land nicht aussuchen konnten, löste das Britische Weltreich diese unter Berücksichtigung seiner eigenen Interessen. Die Streitigkeiten zwischen dem Congress und der Muslim-Liga wurden vom Britischen Weltreich stark ausgenutzt. Das Britische Weltreich spielte das Spiel, dass es nicht die Zurückhaltung des Weltreiches war, Indien Selbstverwaltung zu geben, sondern vielmehr die ernsthaften Differenzen zwischen Hindus und Muslimen über die Zukunft Indiens, die das Problem verursachten. Eine solche Bewegung wurde von Jinnah mit seiner ,Zwei-Nationen-Theorie' ins Leben gerufen. Die Führer des Congress, wie Gandhi und Nehru, waren von hohen Idealen inspiriert, aber sie erwiesen sich als schwach und hatten oft ein schlechtes politisches Urteilsvermögen in Außen- und Verteidigungsangelegenheiten. Die Aufnahme von Mitgliedern der Muslim-Liga in die Interimsregierung war ein großer Fehler von Nehrus Seite. Die historische Erklärung von Premierminister Attlee gab ein klares Signal dafür, was mit Indien passieren würde. Die Führer des Congress versäumten es, die wichtige Strategie und das Interesse des Britischen Weltreiches zu verstehen. Es könnte sein, dass Jinnah das Spiel des Britischen Weltreiches verstanden hatte und daher mit Gewalt drohte, um sein Ziel zu verwirklichen. Jinnah ließ mit seiner Theorie alle glauben, dass Indien geteilt sei, weil Hindus und Muslimen nicht friedlich in einem Staat zusammenleben könnten und daher ein neuer Staat für die Muslime geschaffen werden müsse. Allerdings stellt sich die Frage, warum nicht alle Muslime Teil des neuen geschaffenen Staates Pakistan wurden. Die in den indischen Provinzen lebenden muslimischen Minderheiten waren die einzigen, von denen er sagen konnte, dass sie dem Druck oder der Dominanz der Hindus ausgesetzt waren. Denn wäre die Schaffung von Pakistan gerechtfertigt, weil der Staat geschaffen wurde, um sie zu schützen. Aber dies geschah nicht. Sie wurden in ihren Häusern in Indien zurückgelassen. Die vier Provinzen[83], aus denen Pakistan entstand, hatten mehrheitlich eine muslimische Bevölkerung. Folglich war die Teilung von Indien ein politisch-strategischer Akt und keiner, um die Muslime zu retten oder Indien zu

---

[82] Ebda., S. 222ff.
[83] Zone B: Westpanjab, die Nordwestgrenzprovinzen, Britisch-Belutschistan, Sind. Die Provinz Panjab wurde in zwei Teile geteilt: Westpanjab wurde Teil von Pakistan und Ostpanjab blieb Teil von Indien.

schwächen. Der Cabinet-Mission-Plan spielte eine wichtige Rolle bei der Teilung Indiens. Die Interimsregierung erweckte den Eindruck, dass das Britische Weltreich für die Einheit Indiens arbeitete. Gandhi war bis zuletzt gegen die Teilung und nahm daher nicht am Unabhängigkeitstag in Delhi teil. Sein Gespräch mit Lord Mountbatten und seine Aussage deuten darauf hin, dass er Indien von der Teilung nicht retten konnte. Die vielen Fehler der Führer vom Congress führten zur Teilung von Indien.

VI. Literaturverzeichnis

Bhatia, Vinod und Mahajan, Sneh: Preparation for Transfer of Power, in: Gandhi, Rajiv (Hg.): A Centenary History of the Indian National Congress 1935-1947, Bd. III., New Delhi 1987, S. 683-724.

Brass, Paul Richard: The New Cambridge History of India. The Politics of India since Independence, Bd. VI.1, Cambridge 1990.

Chandra, Bipan: Indian's Struggle for Independence 1857-1947, New Delhi 1999.

Das, M. N.: India Wins Independence, in: Gandhi, Rajiv (Hg.): A Centenary History of the Indian National Congress 1935-1947, Bd. III., New Delhi 1987, S. 725-804.

Gandhi, Rajiv (Hg.): A Centenary History of the Indian National Congress 1935-1947, Bd. III., New Delhi 1987.

Lütt, Jürgen: Das modern Indien 1498-2004, München 2012.

Mann, Michael: Geschichte Indiens. Vom 18. bis zum 21. Jahrhundert, Paderborn 2005.

Menon, Vapal Pangunni: The Transfer of Power in India, Princeton 1957.

Metcalf, Barbara Daly: A Concise History of Modern India, Cambridge 2012.

Perti, R. K.: Cabinet Mission, in: Gandhi, Rajiv (Hg.): A Centenary History of the Indian National Congress 1935-1947, Bd. III., New Delhi 1987, S. 640-682.

Regani, Sarojini: The Nation in Ferment, in: Gandhi, Rajiv (Hg.): A Centenary History of the Indian National Congress 1935-1947, Bd. III., New Delhi 1987, S. 604-639.

Rothermund, Dietmar: Der Freiheitskampf Indiens, Stuttgart 1967.

Rothermund, Dietmar: Gandhi und Nehru. Zwei Gesichter Indiens, Stuttgart 2010.

Sarila, Narendra Singh: The Shadow of the Great Game. The Untold Story of India's Partition, London 2007.

Voigt, Johannes Hermann: Indien im Zweiten Weltkrieg, Stuttgart 1978.

Wolpert, Stanley: A New History of India, Bd. IV., New York 1993.

BEI GRIN MACHT SICH IHR WISSEN BEZAHLT

- Wir veröffentlichen Ihre Hausarbeit,
  Bachelor- und Masterarbeit

- Ihr eigenes eBook und Buch -
  weltweit in allen wichtigen Shops

- Verdienen Sie an jedem Verkauf

Jetzt bei www.GRIN.com hochladen und kostenlos publizieren